AF443022

Con Cierto Grado de Acidez

Aleko Ruila

Título: Con cierto grado de acidez

Autor: Aleko Ruila

(Alejandra J Ruiz)

Diseño de Portada, Contraportada, Maquetación,

Ilustraciones: José Lorenzo Moya Diaz

Edición: ArtLosmoyas Productions©

ISBN- 9798723205925

Sobre la presente edición:
Primera Reedición Corregida y Aumentada
ArtLosmoyas Productions© Amazon KDP
Aleko Ruila 2021©

losmoyas@gmail.com
joselorenzomoyadiaz@gmail.com
artlosmoyasproductions@gmail.com
alejandrajuliaruizlabrit@gmail.com

A Yola y Loren, por ser mis tesoros más preciados, a Lorenzo por sus consejos y por creer en mí, a la Vida, por estar.
Gracias.

Vida,

obra efímera en venta.

Aleko Ruila

Recuerdo

Recuento

Fin de un día
                otro
                        y otro
cadenetas de sueños
deseos incumplidos
esperanzas huecas
como confetis de colores.
Futuro incierto
como regalos esperados.
Dulces y refrescos
de sinsabores miles.
¡Todo listo para la fiesta!
Sólo faltan los payasos.

Debo haber olvidado los espejos.

Verbo

Estar
al menos
estamos.

Lugar y tiempo
no importa
estamos
motivo y forma
no importa
estamos.

Palabra
que un sentir refleja
palabra que resume sueños,
deseos
triunfos
miedo.

No debe pronunciarse
por temor a mentir
a herir
a llorar.

Pero no importa
estamos.

Una gran canasta familiar

Una gran canasta familiar

Dinero.....no hay
Casa.....no te toca
Amigos.....extendidos
Esperanza.....acabada
Ilusiones.....de o a 6
Familia.....por venir
Salud.....incierta
Trabajo.....dependencia
Vida.....error numérico
Muerte.....por quincena

Diario que diario

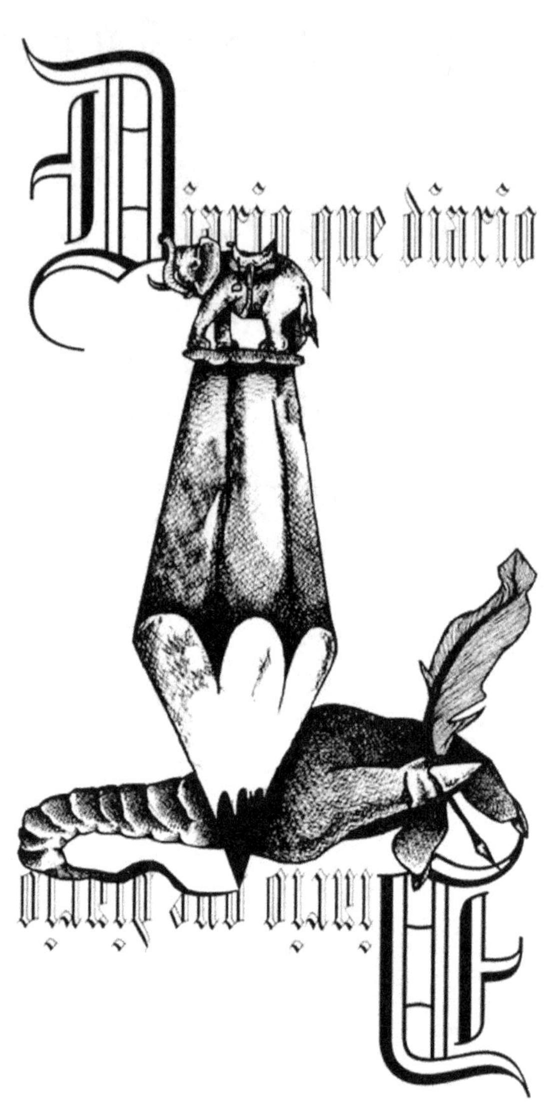

Diario que diario

Amanece
comienza la carrera
cada día igual, igual, igual
ideas fijas
preconcebidas
premios soñados
comprados
metas idealizadas
cada día igual   igual   igual
tropiezos
barrancas
laberintos
reto a vencer
oscurece y termina
este día igual   igual   igual
oscurece y al fin ¿la paz?

Recordatorio

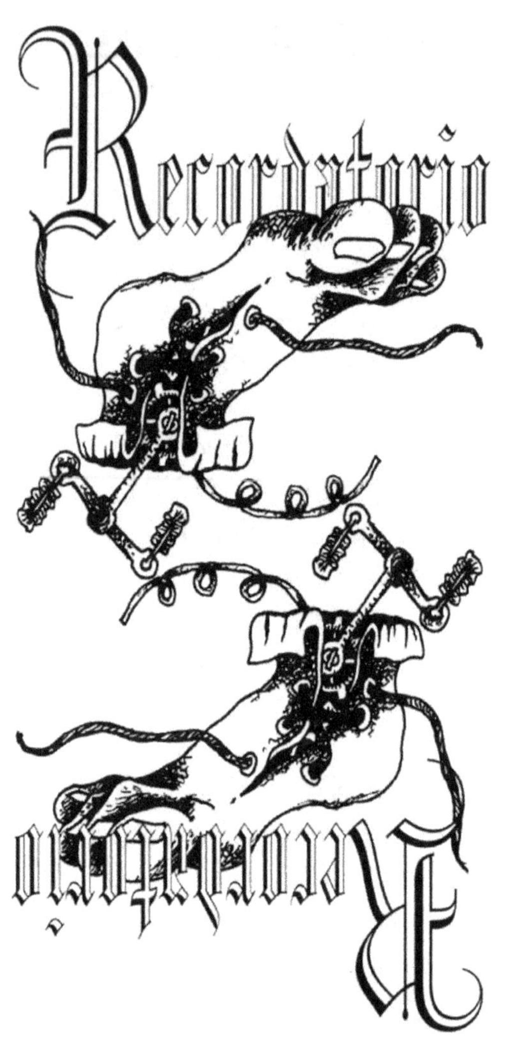

Recordatorio

Discurso.
discurso interminable
discurso de terror
discurso de mandato
de amor
equivocado
pero al final
discurso.
Cabezas que no oyen
corazones que sufren
oídos que niegan
Vida que termina
todo
todo por un discurso
familias sin cabeza
países sin oídos
humanidad sin vida
todos sin corazón
todo por un discurso.

Al fin todo es lo mismo
Humanidad, familia, corazón, palabra, odio.

Nada existe
solo el discurso.

De puta
e puta

De puta

Hijos
mente en blanco
cabeza hueca
nada que escribir
solo tristeza en el momento
incomprensión
                    duda

contención armónica
acordes disonantes
conformidad
                    sueños
                        premios

traiciones
amor sin límite
por valor contable
trueque funesto
de mis días-noches.

Mi son
Ni son

Mi son

Al son de los muñecos
bailamos sin cesar.
Cansados, sudorosos,
bailamos sin pensar.
Rabiosos, indefensos,
bailamos sin chistar.
Al son de los muñecos
día y noche sin parar
ritmo cruel, ritmo engañoso
ritmo denso, mentiroso
su cadencia te fulmina,
enloquece, martiriza
¿Movimientos peligrosos?
Prohibido disfrutar
pero baila, amigo mío
no te dejes asustar,
solo sueña que algún día
este son no sonará.

Calendario

Calendario

Acabo de leer
mi calendario
y me sorprendo.
Da espacio para días
y para prioridades.
¿Tengo algo que escribir?

Primero,
igual al dieciocho,
similar al treinta y uno.
Nada cambia, nada
Solo yo.

Mi terminal

Mi terminal

Acaba de cerrarse
debo esperar
camino
derecha
izquierda
abajo
arriba
sigue cerrada
pienso
camino
espero
abajo
izquierda
derecha
arriba
igual
cerrada.

Sueño pienso camino espero
abajo   abajo   abajo
está cerrada
espero   espero   espero

Teatro

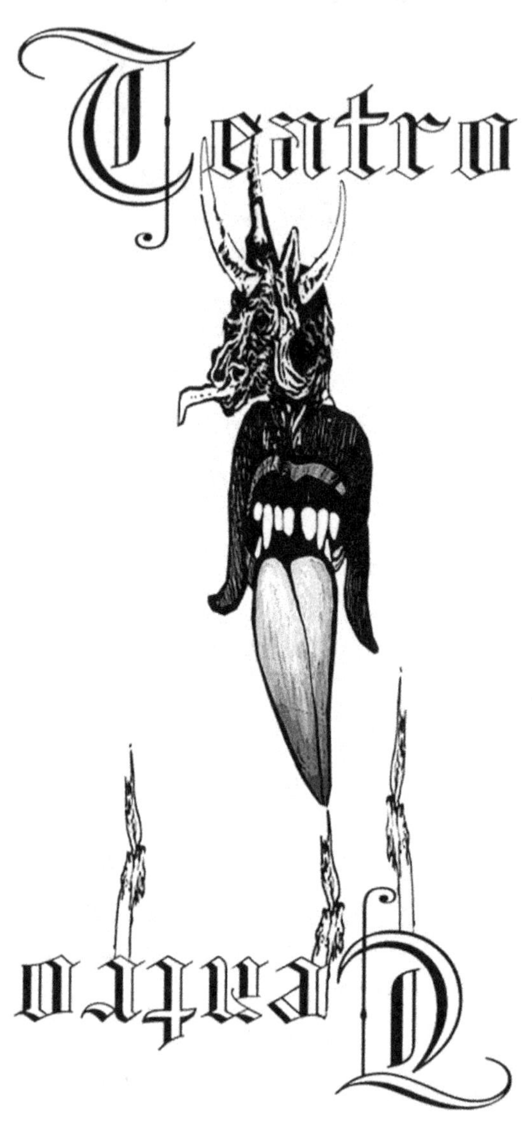

Teatro

Vamos adelante
incapaces de resistir
dando todo por nada
Acto reflejo de la muerte.

Mañana sin horizonte,
uniones pasajeras,
estrella sin luz,
retrato en movimiento,
tristeza sin fin.
Acto reflejo de la vida.

Vida y muerte,
muerte y vida,
prólogo o epílogo
de esta tragicomedia.

Magdalena adolescente

Magdalena adolescente.

Por qué la juzgan
sí es una niña
del juego al fuego
odio o amor
camino de aguas
panes y peces
de vino
sombras
luz y dolor.

Por qué la juzgan
sí es una niña
no es una diosa
solo mortal
unos la miran
otros la envidian
otros la aman
sin suspirar.

Por qué lo hacen
es una niña
su pago siempre
es inferior
no se dan cuenta
es solo miedo
lo que la impulsa
en su interior.

Por qué juzgamos
no somos dioses
solo pedreros en
pedregal
y si no hay jueces
y solo hay hombres

Padre supremo
¿Por qué a ti no?

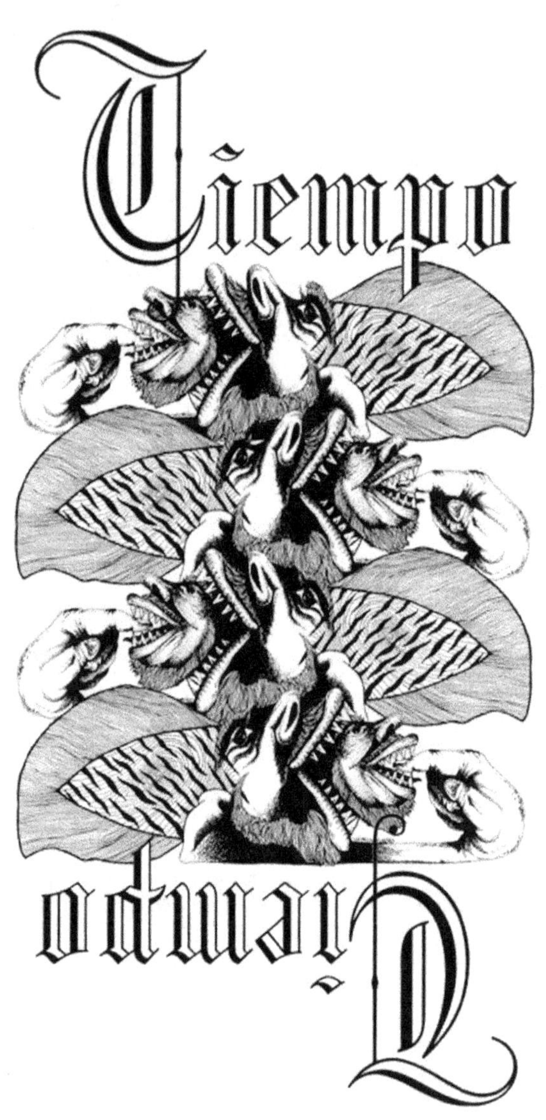
Tiempo
Dimant

Tiempo

Tiempo que roba mis manos
ojos boca todo el cuerpo
tiempo frágil intangible seco
labrador
de dudas
desamor
miedo
tiempo furioso
implacable
olvidadizo.

Si llegas ahora
solo eso dame
tiempo.

Error

Error

La verdad es como el agua

más limpia

mientras más profunda.

La mentira es como la tierra

más peligrosa

mientras más suave.

Pobre del hombre,

no pudo ser anfibio.

Fenix

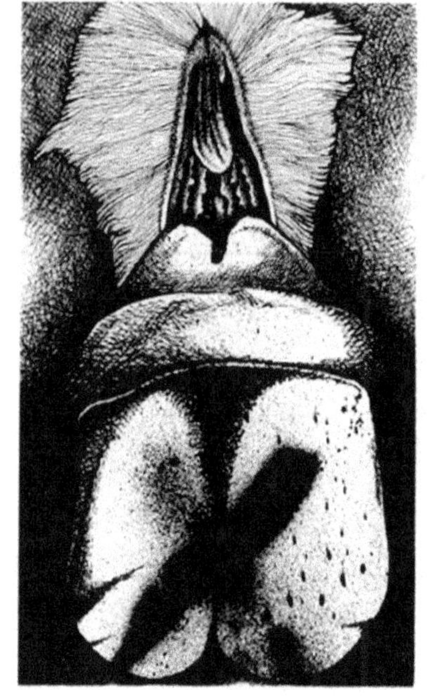

Fenix

<u>Fénix</u>

Llueven pasos sobre mí
duros
espinosos
sucios
malolientes
llueven pasos de gigantes
de enanos
miles de pasos.

Sé lo que quieren
lo que pretenden
se equivocan.

Cuando salga el sol
húmeda y pisoteada
sobreviviré.

Exorcismo

Exorcismo

Duras, hirientes, detestables.

Como lava salen, ideas de mi cabeza.

Febril las plasmo

aún ardientes

con la esperanza al cambio

mas

al exponerlas

sólo logro

que exploten.

Havana

Habana

Dibujo en papel mojado.

ciudad que se rompe

ceniza olvidada,

se rasga, desaparece.

Ciudad que mira y perdona,

entiende

castiga

ciudad que se rompe

la nuestra

ciudad que expira.

Persistencia

Persistencia

Levanto los brazos,
y mis dedos
sólo tocan el aire,
aire que miro
y siento a través de ti.
Cristal que separa
nuestros mundos
a la vez que los une.

Levanto los brazos
juro que lo hago
pero quiero
y no puedo.

Existe
beso inocente
que se vuelve vil
fantasía y locura
hermanas de mi mente
incitantes provocan
que me ponga de pie
tratan

trato
vuelvo al fondo
sé que puedo
...otro día será.

Añoranza

Añoranza

45

Colgando de mis huesos,

está tu aroma vencido

aroma fuerte

hueco

solo.

Colgados

tus huesos sobre los míos.

Comunicando

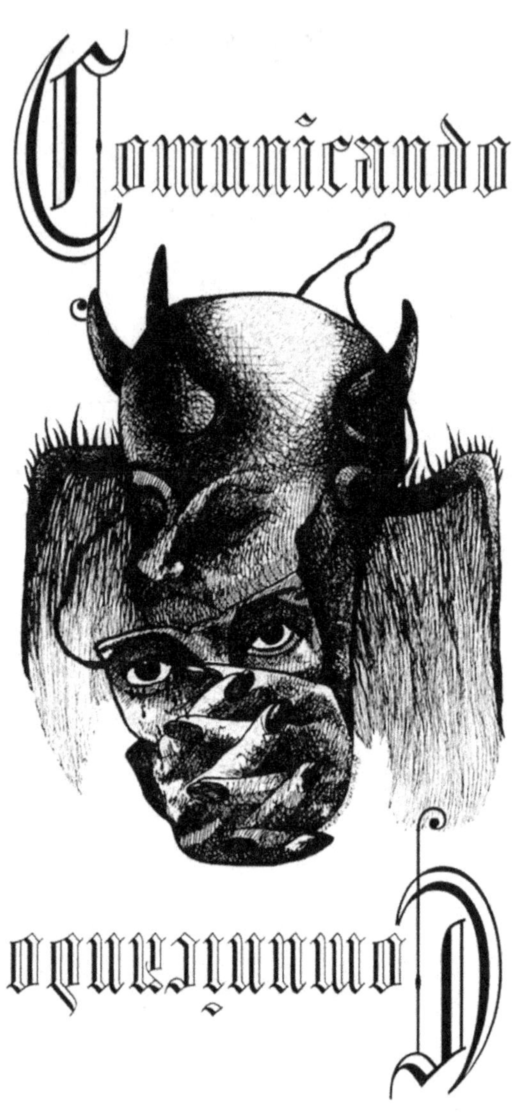

Comunicando

1, 2, 3, probando

probando sueños

probando anhelos.

1, 2, 3…¿se oye?

1, 2, 3…

probando ideas

probando ilusiones.

1,2…¿me oyes?

1, 2…

probando suerte

probando vida.

1…

probando…

probando …

probando…

Enfermos

Enfermos

Ilustración por dosis,

señalada educación,

futuro en decadencia,

presente, estado de coma.

Tontos de sueños e ideas,

locos de abulia y fe,

internos todos de por vida,

diagnóstico totalitario.

Lo merecemos,

aplaudid.

Reales Palmas

Reales Palmas

Daga gigante que al cielo clama

no espera

exige

está cansada.

Amores sórdidos

traiciones vanas

años que ciñen

hasta ahogarla.

¿Real?

ni el alma

ya nada queda

quizás

¿La muerte?

Eso pudiera.

De cada día

De cada día

De la noche a la mañana

como veleta en el tiempo

cambias de proceder.

De la mañana a la noche

como brujas de estreno

esperamos tus salidas

no de tono, si de tiempo.

Gritas, clamas, niegas, lloras

cambias, como un reloj

sabiendo siempre que

horario, duerme

minuto, espera

segundo, partió.

Comercio

Comercio

Falsa, falsas caretas
se pregonan por doquier
en mi barrio, en el tuyo
¡A buen precio! grita aquel.
Nunca tuve que usar una
ahora siempre, llevo dos
una, para la vida
otra para el dolor.
Pregonero, no te vayas
me hace falta, una más.
¿A buen precio? sí, la compro
la que dice, amistad.
Pregonero, amigo mío
rico te has de volver
no es mi barrio, es el mundo
¿Habrá tantas para él?

Regalo

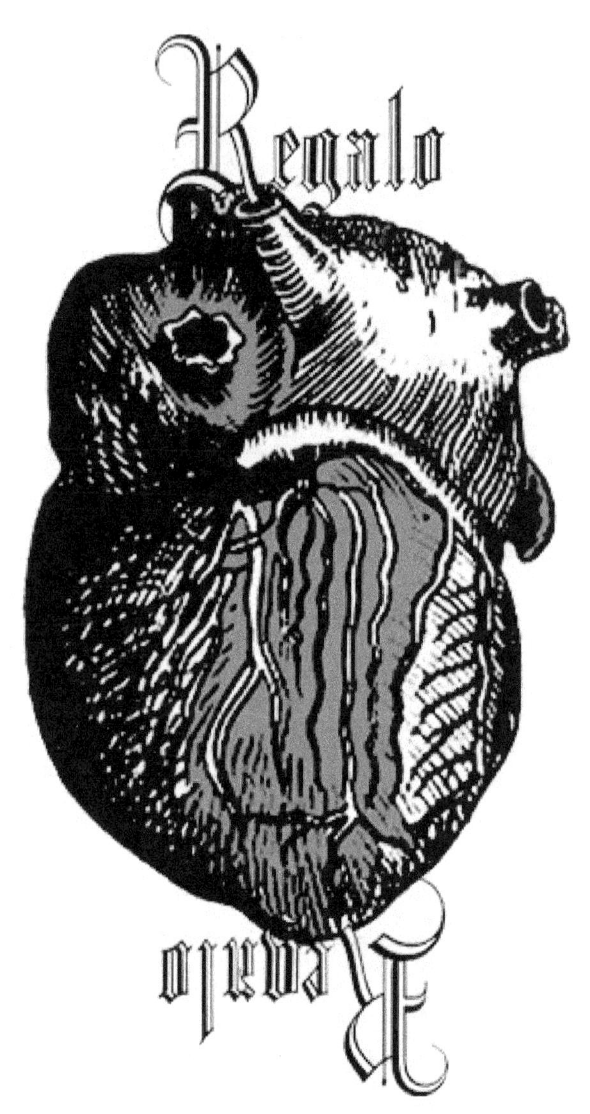

Regalo

No tengo nada que dar
solo algo incontrolable
incoloro, insaboro
fuera de lo normal
algo perdido en el tiempo
del común y racional.
No tangible, no comprable
cual tesoro en extinción
no es mi mano
no es mi cuerpo
ya entendiste
es amor.

Alacena

Alacena

La vacía alacena de la vida

requiere urgente de cuidado

sí existe alguien que pueda

que se apure pues morimos.

Gente

Gente

¿Gente de pueblo?, no existe

amasijo de personas sin alma amor ni deseo

esperanzas ausentes, rencor envanecido

miedo en la mirada, odio en la palabra

eso, no puede llamarse gente

y de pueblo

mucho menos.

Eolo

Vientos del sur me rodean

destruyendo paso a paso la vida

debo aguantar

someterme

sé que puedo.

El final será mi tormenta

Porque si

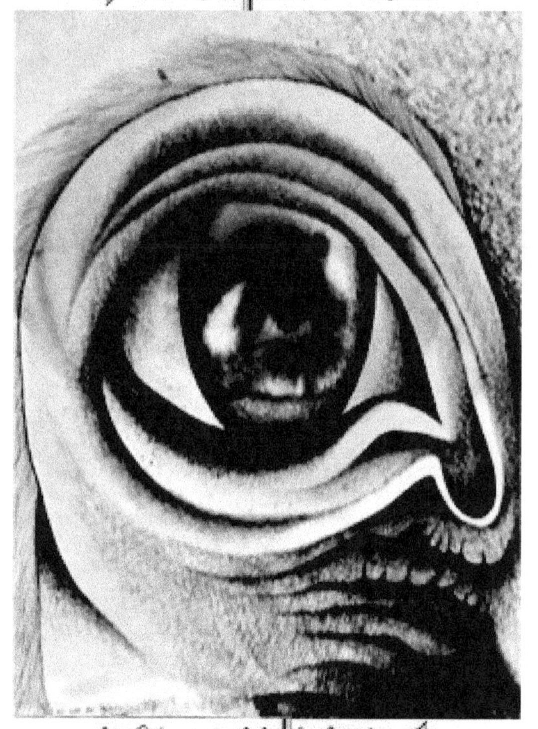

Porque si

Al parecer la vida

mejor dicho

la mía

es   un   entresuelo

indefinido.

Sin tener ganas de nada

siempre

me regala algo.

Automatón

67

Mañana.

Horas de más o menos.

Días por disfrutar.

Pobre maquina defectuosa esta,

Solo sabe restar.

Sin palabras

<u>Sin palabras</u>

Necesidad de hablar

Hablarte

Hablarme.

Mordaza invisible ata mis labios.

Silencio denso envuelve mi ser.

No tul, no espuma, es viento,

viento solo y del ayer.

Aletazo

Aletazo

Al final del camino,

comenzó la zozobra.

Balanza cruel como pájaro innoble.

Decisión terrible en mi cabeza posa.

Al final, quien lo diría,

cuando todo se acaba,

cuando todo se olvida.

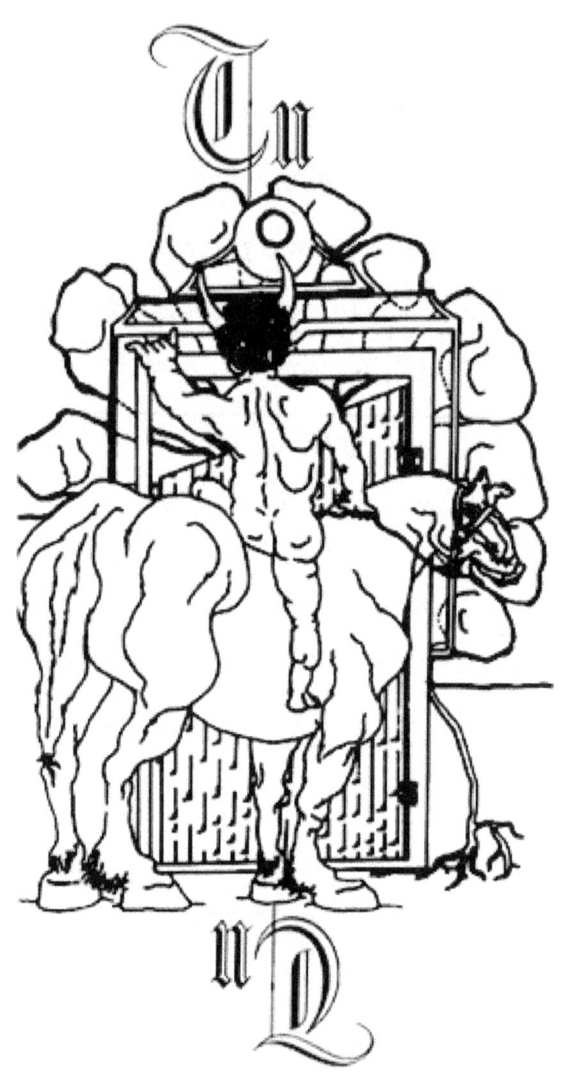

Tú

Murmullo de sueños arropa.

Príncipe adolescente de hoy.

Batallas a miles ganas

De elfos, monstruos y amor.

No hay princesas dormidas,

Ni reinas por defender.

Entre sueños, solo sueños,

Tú eres el único rey.

Sueño

oyang

Sueño

Ayer soñé que partía
Partía sin darte un beso
Ese de recuerdos y deseos
Llenos de amor, de miedo.

Ese sueño continua
Y aun sé que estoy aquí
Yo debo darlo ahora
Pues no se si después sí.

Soñar con un beso invisible
Soñar con amor en vuelo
Soñar, soñar con mi vida
Ese, mi real beso.

Somos

Somos

Si somos así
¿Para qué somos?
Ese plural indefinido
Innecesario.

Palabra singular
Que recuerda soledad
Olor, desamor, miedo.

Algunas noches el ser
Es mejor que el somos
Otras no, lo sé

Pero cada día me obliga, a ser.
A pesar de amar, al somos.

Corriente

<u>Corriente</u>

Mis palabras

Son como el rio

Mojan

y

se van.

Vida

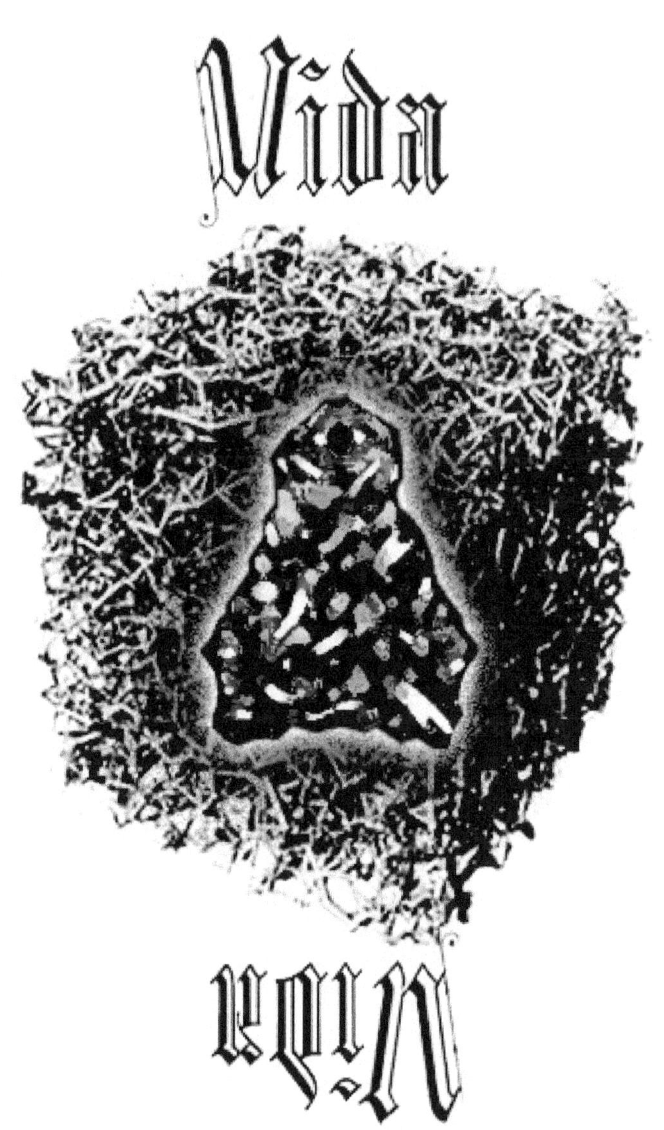

<u>Vida</u>

Laberinto asombroso, indescifrable

Debemos disfrutar sus caídas,

arañazos, mordidas, besos,

sueños, tormentas, estrellas.

Porque que al final

No hay salida, solo una entrada

Y ya puede ser tarde.

Viaje

Viaje

Caminar en un sendero

Difícil, sin compañía

Navegar por unos ríos

Sin remos, sin brisa.

Flotar en el aire

Sin ruidos ni polvo.

Caminar, navegar, flotar

Palabras del pasado

Que el presente y futuro ignoran

Para bien o para mal

No sé, ignoran.

Hijos

Hijos

85

La vida continua si tú quieres

Opciones varias y abiertas hay

Cuando escojas, no pienses, no dudes

A punto de volar estarás.

Ruleta Rusa

Ruleta Rusa

Como una ruleta rusa
Miro mi entorno común
Vidrios rotos
Almohadas sucias
También llantos, no por ti.

Esa ruleta no rusa
La que corre ante mi
Como opciones siempre brinda
Burlas, risas
Melancolía, sí.

Nunca mi ruleta para
Gira, gira sin buscar
Nada oculta
Nada borra
Solo el grito, al disparar.

Maldito Abril

Maldito Abril

A cuantos se lo han robado
Yo no, yo lo entregué
Te voy a odiar toda la vida
La que quede, te odiare.

Para muchos eres luz
Sus amores y verdades
Pero Abril, por qué conmigo
Solo oscuridad y falsedades.

Me robaste toda la vida
No tengo noches ni despertar
Recuerdos sucios, vacíos, turbios
Cubren mi mente sin yo pensar.

Ya sé que seré la única
Pero Abril, te voy a odiar.

Espejo

vianst

Espejo

Hola amiga
¿Como has estado?
Sigue muy serio tu
mirar
No has encontrado
aún la vía
Esa que buscas al
despertar.

Sonríe chica, no te me
caigas
La vida es puente
sinusoidal
Sube, baja
Baja, sube
Pero si caes, no ves
final.

Estoy cansado ya de
pedirte
Sonrisa, luz, amor y
más

Se que yo, no puedo
darlo
Solo un reflejo en mi
cristal.

Si quieres sufrir, sufre
Amar, amate ya
Solo te pido que al
mirarme
Reciba al menos un
guiño ya.

Me rompo, cuando tú
quieras
Con flores, tragos, ya
te veré
Métele chica, cobarde
no seas
Reflejar tu vida fue mi
placer.

Yo no estaré triste si
muero
Si tu batalla ya la
gané.

Índice

Este,
hoy,
no es un final,
solo una pausa leve,
mientras la poesía fluye,
lenta,
infinita…